DARIO STRAZZERI

COMPENDIO DI

MUSICOTERAPIA

SAGGIO

INDICE

PREMESSA

Le civiltà antiche hanno riconosciuto il potere terapeutico dei suoni e ciò ha dato vita, in epoca moderna, ad una serie di studi che potessero avvalorare scientificamente il connubio musica-guarigione. La musicoterapia attualmente è un'importante risorsa terapeutica utilizzata nella riabilitazione psicomotoria dei bambini cerebrolesi, come supporto a tecniche ortofoniche, logo-pedagogiche, fisioterapiche-rieducative, fino al suo uso per la preparazione e facilitazione del parto e per l'intervento su pazienti psicotici in strutture istituzionali.

CAPITOLO I

Il potere dei suoni

Nel prologo del *Vangelo di Giovanni* si legge: «In principio era il Verbo, il Verbo era presso Dio e il Verbo era Dio. Egli era in principio presso Dio: tutto è stato fatto per mezzo di lui, e senza di lui niente è stato fatto di tutto ciò che esiste». Il passo del Vangelo, evidenzia, al di là delle implicazioni teologiche, l'elemento sonoro, significante della parola, come forza creatrice. Nella filosofia persiana, nella genesi egiziana di Menfi, nella filosofia greca che rielabora filosoficamente alcuni principi fondamentali delle più antiche culture mediorientali (egizia, assiro-babilonese ed ebraica), si presenta lo stesso elemento: la musica alla base delle più importanti teorie cosmogoniche e metafisiche. In particolare nella filosofia indù l'OM[1] rappresenta il

---

[1]Secondo i <u>Veda</u> (le più antiche e autorevoli scritture induiste), inizialmente Dio era privo di attributi (<u>Nirguna Brahman</u>), senza

suono primordiale della creazione, sostanza di tutte le parole che possono essere emesse dalla gola umana: è il simbolo dell'Assoluto Universale.

L'intera storia delle civiltà, contiene aspetti che legano la musica alla guarigione fisica e mentale. Gli Indiani d'America, accompagnavano la somministrazione dei loro rimedi con il canto. Il suono di strumenti ricavati dal legno di piante curative sembrava sortire effetti terapeutici: il flauto di legno di betulla guariva i reumatismi, i flauti di elleboro le malattie nervose, gli strumenti realizzati con la fibra della pianta di ricino avevano un'azione purgativa.

---

forma, senza nome, pieno, completo, beato, senza dualità, Unico. Tuttavia, proprio perché la molteplicità non esisteva, Egli non poteva fare esperienza di Sé: come poter sperimentare l'amore, se non sussistono un amante, un amato e l'atto stesso dell'amare che collega i due? Così, per potere sperimentare Se stesso, espresse il primo desiderio: *Io sono Uno; diverrò i molti.* Questa volontà assunse la forma di <u>suono</u>: AUM, appunto. Dall'elemento suono scaturì tutta la manifestazione: <u>Īśvara</u> (Dio con attributi: il Signore, il <u>Demiurgo</u>), il <u>tempo</u>, i <u>cinque elementi</u>, i tre <u>guna</u>, i diversi piani dell'esistenza, l'<u>universo</u> intero e le infinite <u>anime individuali</u>. (it.wikipedia.org/wiki/Aum)

Nell'antica Grecia ogni modo musicale aveva una corrispondenza con lo stato d'animo. La dottrina di Damone, maestro di Platone e consigliere di Pericle, prende le mosse dal pensiero di Pitagora che sostiene esservi una sostanziale identità tra le leggi che regolano i rapporti tra i suoni e quelle che regolano il comportamento dell'animo umano. Damone afferma che la musica ha un grande potere perché può influenzare il carattere, soprattutto nella giovane età quando è ancora plasmabile e malleabile. Importante perciò è saper distinguere quali musiche sono da condannare perché sollecitano gli aspetti più deteriori della sensibilità umana e quali invece sono educative.

Il pensiero platonico poggia le sue fondamenta su cinque costanti:

- il mondo è costituito secondo principi musicali,
- la musica ha un potere incantatorio sulla parte irrazionale dell'io,
- la vita intera dell'uomo è dominata dall'armonia e dal ritmo,

- una giusta educazione musicale può garantire la formazione del carattere,

- la filosofia è l'espressione più alta della musica

Per Platone, quindi, la musica ha un potere particolare sull'animo, contribuisce alla crescita mentale:

> la musica non è stata data all'uomo solo per lusingare i propri sensi, ma anche per calmare i tormenti dell'anima e i movimenti che tenta un corpo pieno di imperfezioni.

Secondo Aristotele, esperto musicologo e padre dell'anatomia comparata, le arti del ritmo contribuiscono a migliorare la morale, ad ottenere la calma e a far scomparire l'ansia. Questa concezione della musica è così radicata nella cultura greca che nella medicina i trattamenti curativi vedono nella musica un elemento fondamentale per lo stato di salute.

Con la civiltà cinese si costituisce la triade musica-medicina-numerologia. La dottrina dei cinque elementi (Terra, Fuoco, Acqua, Legno, Metallo), alla base della medicina energetica, è in unione con la personificazione della scala pentatonica, formata dalle cinque note fondamentali della musica (fa-do-sol-re-la).

Gli Assiri considerano la musica strumento di igiene mentale e su questa idea di base sviluppano nuove azioni mediche basate sul-l'osservazione dei sintomi, diagnosi e prognosi, unito al canto continuo di tipo religioso.

La filosofia indiana divide in quattro parti il sistema organico, corpo fisico, corpo etereo (vegetativo), corpo astrale (emozioni), corpo mentale (pensiero) e ritiene che non ci sia una separazione tra uomo e universo, con una conseguente relazione, funzionale e vitale, tra salute umana e universo. L'equilibrio alterato, dato dalla malattia, può essere ristabilito attraverso azioni esterne riequilibratici: l'uso della musica "ordinata".

Nel Medioevo, sin dal Quinto secolo, i monasteri sono i depositari sia della scienza medica che della musica. Essa è considerata terapeutica a tal punto che vengono scritte delle composizioni musicali adatte per curare determinati tipi di malattie. A tal proposito si ricorda il monastero di san Gallo in Svizzera, famoso per le sua struttura ospedaliera, che ospitò il celebre monaco, Notkerr Balbulus, fitoterapeuta e musicologo, compositore di musiche dai poteri benefici.

Nel XIV secolo per opera della Scuola di Salerno e con Arnaldo da Villanova della Scuola di Montpellier matura la definizione di "simpatia universale", concetto fondamentale nella fisica del suono e nella musica. Con Paracelso (pseudonimo di Philipp Theophrast Bombast von Hohenheim), medico e filosofo svizzero, si definisce lo stato di malattia come uno squilibrio prodotto dalle variabili fisiche, emozionali e mentali in un'azione reciproca.

Nel XVIII secolo, Mesmer, medico austriaco, noto per i suoi studi sul rapporto tra astri ed esseri viventi, conduce i primi esperimenti di suggestione ipnotica attraverso l'uso della musica. Egli sostiene l'esistenza di una forza simile al magnetismo, dotata di proprietà terapeutiche in grado di provocare un sonno profondo di tipo ipnotico sull'organismo umano. Lo scienziato determinò l'associazione tra salute e campi magnetici, usati oggi in musicoterapia ricettiva tramite le onde magnetiche pulsate.

Il riconoscere il potere terapeutico alla musica da parte di tutte le civiltà che si sono succedute nel corso dei secoli, ci fa comprendere il motivo per il quale si sono compiuti, in epoca moderna, studi che potessero avvalorare scientificamente il connubio musica-guarigione. Nel XIX secolo si pongono le basi della musicoterapia moderna con gli studi di Helmholtz[2] e Stumpf[3]. Il primo formulò la teoria della risonanza dell'udito in base alla quale alcuni organi dell'orecchio interno fungono da casse di risonanza, specializzate nell'analisi dei diversi tipi di suoni musicali. L'approccio di Helmholtz interessò più la descrizione dei processi fisici e fisiologici di quelli psicologici. Karl Stumpf modifica il modello della percezione del suono, non

---

[2]HERMANN LUDWIG FERDINAND VON HELMHOLTZ, *Lehre von den Tonempfindungen*, 1863.
[3]KARL STUMPF, *Tonpsychologie*,1883-1890.

intendendola più come somma di elementi minimi, ma come il risultato di qualcosa di unitario. Gli studi di Pietro Lichtenthal[4], medico-compositore italo-unghe-rese, che scrisse il *Trattato dell'influenza della musica sul corpo umano*, e gli studi di musicoterapia del medico francese Chomet[5] avviarono la ricerca che poi ebbe nel Novecento un vero e proprio sviluppo.

Da una trentina d'anni la ricerca, che ha avuto ampio seguito in numerosi paesi, si è orientata verso un preciso campo d'azione. La musicoterapia moderna, infatti, ha costruito i suoi costrutti su un protocollo scientifico che impone ricerche chiare che stabiliscano

---

[4]Pietro Lichtenthal nacque a Preßbourg (l'attuale Bratislava) il 10 maggio 1780. Laureatosi in medicina all'università di Vienna, trentenne (1810) si trasferì a Milano dove ricoprì la carica di censore del regno Lombardo-Veneto; qui restò fino alla morte, avvenuta il 18 agosto del 1853. Uomo di vastissima cultura, pubblicò numerose opere sia in Austria che in Italia: come compositore spaziò fra i più diversi generi, scrivendo, fra l'altro, 7 balletti per il teatro alla Scala, musica sacra, orchestrale e da camera. Come teorico non si occupò solo di musica: oltre al suo *Dizionario*, a trattati di armonia, a studi su Mozart e sull'estetica musicale, scrisse di medicina con un trattato di musicoterapia, di botanica, di astronomia e di geografia. Negli ultimi anni della sua vita curò inoltre alcuni almanacchi editi da Ricordi, a quell'epoca pubblicazioni decisamente di larga tiratura.

gli effetti della musica, del suono e del ritmo sull'uomo. Gli strumenti adoperati e la diversa patologia a cui le ricerche si sono riferite, sono stati molto diversi tra loro, conferendo alla musicoterapia la caratteristica della multidisciplinarietà: dall'uso della musicoterapia per la riabilitazione psicomotoria dei bambini cerebrolesi, al suo utilizzo in supporto a tecniche ortofoniche, logo-pedagogiche, fisioterapiche-rieducative, fino al suo uso per la preparazione e facilitazione del parto e per l'intervento su pazienti psicotici in strutture istituzionali.

*

Le vibrazioni musicali hanno un notevole effetto sugli esseri umani. Fin dal concepimento l'ovulo fecon-dato, annidato nell'utero, è già in contatto sia con le pulsioni del cuore materno sia con numerose vibrazioni come i movimenti parietali uterini e addominali, rumori intestinali e respiratori. Il feto percepisce gradualmente questi fenomeni come essenziali per la continuazione

---

[5]Il medico francese Chomet pubblica lo studio *Effetti ed influenza della musica sulla salute e le malattie* (1875).

della vita, il suo istinto vitale è in relazione con i battiti del cuore materno che pompano il sangue attraverso il cordone ombelicale. Al sesto mese l'organo dell'udito è interamente sviluppato così il feto sente i suoni trasmessi dal liquido amniotico e reagisce agli stimoli sonori e in modo particolare alla voce della madre.

Dopo la nascita, appena il neonato ritrova l'ambiente sonoro che lo rassicurava quando era ancora nell'utero materno, si attiva la memoria uditiva[6] costruita nel corso della gestazione. Benenzon[7] ha osservato che il bambino succhia in modo più calmo e cessa facilmente di piangere se il suo orecchio è appoggiato al lato sinistro perché così percepisce i

---

[6]Alfred Tomatis ha postulato che il feto, molto presto, può udire ed ascoltare la voce di sua madre. L'orecchio è, infatti, il primo organo ad essere totalmente funzionale quando il feto ha solamente 4 mesi e mezzo di vita intrauterina. Egli sostiene che la voce materna agisce non solamente come una sorta di sostanza nutritiva emozionale, ma prepara il bambino all'acquisizione del linguaggio dopo la nascita.

[7]Rolando Omar Benenzon (Argentina) musicista, medico e psichiatra.

battiti del cuore materno. I movimenti ritmici di suzione del neonato sono in stretta relazione con i suoi stessi battiti cardiaci: se si aumentano, sperimentalmente, si accelera il suo ritmo di suzione e viceversa. Alcuni ricercatori hanno studiato il rapporto fra i suoni/rumori e le reazioni dei neonati giungendo al risultato che i suoni ad alta frequenza provocano una reazione di allarme, invece i suoni di 200-600 Hz incrementano il comportamento motorio. Inoltre, è stato rilevato come alcuni suoni ritmici influenzano positivamente i bambini tanto da renderli più tranquilli.

L'influenza della musica sull'uomo non si limita alla vita prenatale o natale, ma ha notevoli influssi sui ritmi cardiaci, sulla digestione, sul sistema muscolare, sul metabolismo corporeo, sulla resistenza muscolare, sulla pressione arteriosa.

Dalla fine dell'Ottocento, gli studi sugli effetti psicologici della musica sull'uomo hanno evidenziato che i suoni o i brani musicali, ascoltati attentamente, creano un'accelerazione delle pulsazioni e della respirazione. In Francia, Binet e Courtier, analizzarono l'influenza della musica sul ritmo respiratorio e ne emerse che il ritmo della respirazione tendeva ad adattarsi a quello del brano musicale. Un altro studioso, Reiber, dimostrò, nel corso di una sua ricerca, che il livello di attività ludica di ventinove soggetti d'età compresa fra i 15-16 anni aumentava proprio sotto l'influsso di stimolazioni musicali.

La musica e il suono sono anche un mezzo di recupero e di sviluppo laddove l'intervento pedagogico normale, educativo e scolastico non é sufficiente a far emergere tutte le potenzialità del soggetto e laddove l'intervento riabilitativo canonico non produce risultati.

CAPITOLO II

Definire la musicoterapia

La musicoterapia è un processo sistematico d'intervento in cui il terapeuta utilizza le vibrazioni sonore o la musica come strumento di comunicazione non verbale per intervenire a livello educativo, riabilitativo o terapeutico in una varietà di condizioni patologiche. Nel 1996 la World Federation of Music Therapy[8] (Federazione Mondiale di Musicoterapia), ha dato la seguente definizione:

> La musicoterapia è l'uso della musica e/o degli elementi musicali (suono, ritmo, melodia e armonia) da parte di un musicoterapeuta qualificato, con un utente o un gruppo, in un processo atto a facilitare e favorire la comunicazione, la relazione, l'apprendimento, la motricità, l'espressione, l'organizzazione e altri rilevanti obiettivi terapeutici per soddisfare le necessità fisiche, emozionali, mentali, sociali e cognitive. La musicoterapia mira a sviluppare le funzioni potenziali e/o residue dell'individuo

---

[8]www.musictherapyworld.net

in modo tale che questi possa meglio realizzare l'integrazione intra e interpersonale e consequenzialmente possa migliorare la qualità della vita grazie a un processo preventivo, riabilitativo o terapeutico.

Un'altra interessante definizione è quella data da Rolando Benenzon, docente argentino di musicoterapia, che comprende oltre agli aspetti terapeutici anche elementi legati alla ricerca scientifica:

Da un punto di vista scientifico, la musicoterapia è un ramo della scienza che tratta lo studio e la ricerca del complesso suono-uomo per scoprire gli elementi dia-gnostici e i metodi terapeutici ad esso inerenti. Da un punto di vista terapeutico, la musicoterapia è una disci-plina paramedica che usa il suono, la musica e il movi-mento per produrre effetti regressivi e per aprire canali di comunicazione che ci mettano in grado di iniziare il processo di preparazione e di recupero del paziente per la società.

La musicoterapia è una metodologia terapeutica transdisciplinare poiché vede la combinazione di molte

discipline attorno a due grandi aree: musica e terapia.
Nelle discipline collegate alla musica includiamo:

- psicologia della musica

- sociologia della musica

- antropologia della musica

- filosofia della musica (estetica)

- biologia della musica (fisiologia, neurologia)

- acustica

- psicoacustica

- educazione musicale

- teoria e storia della musica

- arte

- danza

- teatro

- poesia

- letteratura.

Per quanto concerne la terapia:

- psicologia

- psicoterapia

- counseling

- psichiatria

- lavoro sociale

- arti curative

- consulenza spirituale

- ricreazione terapeutica

- medicina

- linguaggio

- terapia comunicativa

- audiologia

- educazione speciale

- terapie di arti creative.

Essendo una commistione di musica e terapia può essere descritta come un *processo artistico e creativo*. In quanto processo artistico, la musicoterapia è legata alle sequenze dell'eseguire, del comporre e dell'improvvisare la musica. Come processo creativo, la musicoterapia si lega per gradi all'esplorazione, alla sperimentazione e alla scelta di alternative.

Nella musicoterapia la prima esigenza è rivolgersi ai bisogni e ai problemi dell'utente attraverso la musica. L'obiettivo non è quello di proporre la musica come forma artistica fine a se stessa, ma come mezzo che coinvolga tutti i sensi producendo una serie di stimolazioni visive, tattili e cinestesiche. L'aspetto multisensoriale della musica la rende ideale per l'uso terapeutico, in particolare se si considera che molti handicap e menomazioni sono di natura specificatamente sensoriale o motoria.

La musicoterapia può essere utilizzata a vari livelli, quali l'insegnamento, la riabilitazione o la terapia. Per quanto riguarda la terapia e la riabilitazione, gli ambiti d'intervento riguardano preminentemente la neurologia e la psichiatria:

- autismo infantile
- ritardo mentale
- disabilità motorie
- morbo di Alzheimer ed altre demenze
- psicosi

- disturbi dell'umore

- disturbi somatoformi, in particolare sindromi da dolore cronico

- disturbi del comportamento alimentare (anoressia nervosa)

Altre applicazioni sono state studiate in campo anestesiologico e chirurgico, come l'uso pre-operatorio.

CAPITOLO III

Principali modelli di musicoterapia

Storicamente possiamo distinguere la *musicoterapia attiva* in cui la musica è creata dal paziente attraverso strumenti, suoni e rumori, e la *musicoterapia ricettiva* basata sull'ascolto di musica registrata scelta dal paziente o programmata dal terapeuta.

Nelle sedute di musicoterapia attiva, il paziente diventa protagonista: è portato a sentire, comprendere, creare; è libero di scegliere lo strumento che per lui in quel momento è più significante, può comunicare agli altri il proprio ritmo, le melodie improvvisate, facendo un'esperienza di sé, globale. Le tecniche psicomusicali attive sono considerate degli autentici metodi psicoterapici che hanno come finalità:

- l'esplorazione del mondo interno dell'individuo
- la mobilitazione delle energie e delle dinamiche psichiche

- la ricostruzione e riorganizzazione della vita interiore per accettare se stesso, gli altri, la realtà del suo divenire.

La musicoterapia ricettiva si basa sull'ascolto guidato e strutturato in considerazione del fatto che gli stimoli sonori permettono il rilascio di neurotrasmettitori[9] e neuromodulatori[10] che regolano il comportamento e

---

[9]Sono stati identificati circa 50 composti ad azione neurotrasmettitrice e si pensa che il loro numero sia destinato ad aumentare. In realtà, sembra che non tutte queste molecole agiscano da neurotrasmettitori veri e propri, ma che molte possano avere un ruolo di bilanciamento, o modulazione, del segnale eccitatorio o inibitorio; tali composti vengono detti neuromodulatori. Questi sono solitamente peptidi, ossia corte catene proteiche, e possono modificare per un certo lasso di tempo la capacità di eccitazione dei neuroni. Sono neuromodulatori le endorfine e le encefaline, composti che svolgono un'azione naturale analgesica (antidolorifica) sull'organismo e sembrano coinvolti, insieme con altri neuromodulatori, anche con i processi di apprendimento e con l'insorgenza di alcuni stati emotivi, come la collera e gli stati depressivi.
[10]Il neurotrasmettitore è un composto chimico sintetizzato dalle cellule nervose (neuroni) e responsabile della propagazione dell'impulso nervoso tra neuroni adiacenti, o tra la terminazione di un neurone e una fibra muscolare o una ghiandola. La propagazione degli impulsi nervosi mediante neurotrasmettitori rappresenta una via chimica di trasmissione delle informazioni, più lenta di quella elettrica (che si realizza mediante l'onda di depolarizzazione della membrana cellulare attivata da un potenziale d'azione). L'azione dei neurotrasmettitori è comunque più rapida di quella di altri messaggeri chimici, gli ormoni, dato che essi vengono rilasciati a brevissima distanza dal sito in cui vi sono i recettori-bersaglio.

l'affettività dell'essere umano. È stato dimostrato che la loro concentrazione si modifica in ogni individuo all'ascolto della musica: le vibrazioni captate dall'orecchio interno, provocano trasformazioni nei processi elettrobiochimici nella mente e nell'organismo per cui si entra in vibrazione quando si vibra sulla stessa lunghezza d'onda del suono. La musicoterapia ricettiva permette:

- l'insorgere di effetti regressivi che riconducono a stadi anteriori vissuti, quale lo stadio orale, anale e genitale[11] e l'apertura di canali di comunicazione che danno accesso alla dinamica psichica;

- la rieducazione emozionale: le vibrazioni sonore trasmesse dall'orecchio al cervello si trasformano in emozioni sostitutive, quindi la musica può

---

[11]Secondo la teoria di Freud, la sessualità adulta rappresenta il punto di arrivo di un processo complesso che ha origine durante l'infanzia e che coinvolge un certo numero di funzioni corporee e di aree deputate alla soddisfazione degli istinti che da esse scaturiscono (orale, anale, genitale). A queste fasi del processo corrispondono diverse modalità di relazione che il bambino instaura con i genitori. (Microsoft Encarta 2007, Microsoft Corporation)

sostituirsi ad una situazione difficile, generatrice d'angoscia o d'inquietudine. Ad esempio, la paura della folla è percepita allo stesso modo di una musica fragorosa, ma rendere familiare un suono assordante apporterà una diminuzione della sensazione di minaccia e un conseguente cambiamento del comportamento;

- la musica possiede un carattere di consolazione, di decondizionamento e di ricondizionamento, di rigenerazione che portano ad un'attenuazione dell'aggressività;

- permette l'abbassamento del livello della vigilanza, quindi in termini neurofisiologici, un abbassamento dell'eccitazione della corteccia cerebrale che ha come conseguenza la decontrazione muscolare e un rallentamento della tachicardia.

Per utilizzare la musicoterapia ricettiva è necessario predisporre di test validi che permettano di fissare in primo luogo l'indicazione o la controindicazione del trattamento, di scegliere un rimedio musicale personalizzato. Un esempio è dato dal *test di Verdeau-Pailles*[12] che consiste nell'ascolto di frammenti di dieci composizioni, scelte in funzione della durata (due o tre minuti). La durata totale della prova è di quarantacinque minuti. In seguito, il gruppo discute il tipo di reazione emozionale che ha vissuto durante l'ascolto e ciò crea una libera comunicazione tra i suoi membri per manifestare le proprie emozioni e stabilire contatti affettivi.

Una più precisa differenza si può evidenziare tra le varie scuole, in base all'impianto teorico che può essere somatico, psicosomatico, psicanalitico:

- le scuole ad *impianto somatico* hanno un fine terapeutico e la terapia avviene con un paziente singolo (Alfred Tomatis);

---

[12]JACQUELINE VERDEAU PAILLES, JEAN MARIE GUIRAUD CALADOU, *Les techniques psychomusicales actives de groupe et leur application en psychiatrie*, Parigi, 1976.

- le scuole d'*impianto psicosomatico* hanno il fine di sviluppare o mantenere le capacità cognitive, espressive e di apprendimento, orientamento e coordinamento motorio. L'utenza è costituita da singoli o gruppi, spesso bambini, anziani e disabili mentali (Carl Orff, Giordano Bianchi, Zoltán Kodály);

- le scuole ad *impronta psicanalitica* hanno il fine di sviluppare gli aspetti sociali della persona. L'utenza è costituita da singoli o gruppi (Clifford Madsen, Helen Bonny, Paul Nordoff e Clive Robbins, Rolando Benenzon, Mary Priestley);

- le scuole di musicoterapia umanistica.

Negli anni Cinquanta il professor Alfred Tomatis, un otorinolaringoiatra francese, fece una serie di scoperte che portarono all'elaborazione di un metodo. La finalità era di rieducare l'ascolto migliorando così le capacità d'apprendimento e di comunicazione. Tutto questo avrebbe agito sul comportamento, modificandolo gradualmente, favorendo un migliore adattamento alle condizioni sociali.

L'ascolto, per lo scienziato, consiste nella capacità di registrare l'informazione sonora escludendo la parte di segnale non pertinente. Quando le sensazioni sono trattate rapidamente e senza ostacoli, gli stimoli non pertinenti sono soppressi e la persona seleziona e organizza le informazioni in ordine gerarchico. Quando questo processo è disturbato, si sviluppano problemi d'ascolto che si traducono in difficoltà di comunicazione come, pure, in mancanza di competenza sociale nei rapporti umani.

Il campo di applicazione del metodo Tomatis è abbastanza ampio: dislessia, problemi di apprendimento, attenzione, iperattività, autismo, depressione. Il metodo è stato di grande aiuto anche a persone con problemi d'integrazione sensoriale o con difficoltà psicomotorie. Si è rivelato particolarmente utile anche per imparare una lingua straniera e musicisti, cantanti e attori hanno utilizzato il metodo per affinare il loro talento.

Giordano Bianchi è insegnante musicista e musicoterapeuta, fondatore di un sistema pedagogico-musicale. Attraverso una lunghissima esperienza con allievi normodotati e svantaggiati, ha elaborato un metodo che si sviluppa in due direzioni:

- attività di educazione al suono ed alla musica di tipo creativo, rivolto ai bambini in età prescolare e scolare, in una prospettiva formativa e preventiva con particolare attenzione all'integrazione di soggetti portatori di handicap;

- programmi rieducativi che partendo dal codice sonoro-musicale puntano ad un'attivazione e ad un recupero funzionale dello svantaggio culturale e sociale.

Si tratta dunque di un approccio basato su criteri di globalità e interdisciplinarità che pur privilegiando il linguaggio sonoro e i suoi codici, si proietta costantemente su altre aree dell'apprendimento: quella ludico-espressiva, quella psicomotoria, quella verbale e logico- matematica.

Nel suo metodo, Giordano Bianchi, associa la parte ritmo-musicale a un'esperienza di vissuto corporeo, tendente alla coordinazione funzionale. Il bambino, grazie ad un andamento ritmico del movimento e a una percezione gestalica della durata, facilita l'elaborazione dei processi psicomotori basati su un progetto d'azione. Il ritmo percepito, interpretato corporalmente, riprodotto e reinventato musicalmente, svolge una funzione di "organizzatore psichico" sia sul piano motorio, sia su quello espressivo. Il suono è sempre messo in relazione al gesto: percussione e sfregamento sono le tappe di percorsi di scoperta, di manipolazione, di organizzazione dei suoni, secondo un procedimento che, partendo da un livello di massima semplicità e informalità, guida il bambino verso risultati più complessi e formalizzati.

Il musicista Zoltán Kodály (1882-1967) oltre ad essere un compositore, fu un importante pedagogo che rivoluzionò l'istruzione musicale nazionale a tutti i livelli, dall'asilo all'università, sviluppando un sistema educativo compiutamente strutturato. Il suo non si può definire metodo, ma una sistematica raccolta di canti poiché riteneva che il canto in gruppo potesse favorire il processo di adattamento e socializzazione. Il suo pensiero pedagogico si rende concreto in un percorso che sin dall'inizio privilegia la voce per arrivare ad acquisire progressivamente determinate strutture di categorie mentali e di procedimenti in grado di favorire una pratica consapevole e non meccanica della musica. Le modalità del processo educativo di Kodály si attuano attraverso il ricorso ad una serie di mezzi didattici specifici e alla scelta del materiale musicale da utilizzare nell'insegnamento. Così come la parola è dapprima udita e poi codificata in segno, l'alfabetizzazione della musica si realizza nel rispetto dei processi basilari dell'apprendimento linguistico. A questo proposito, Kodály dà una grande importanza all'educazione dell'orecchio che precede il contatto con il pentagramma; la lettura è un'immediata elementare conseguenza del lavoro precedente sui suoni. L'educazione ritmica di Kodály comincia con la percezione della pulsazione, sviluppando la capacità di sincronizzazione con eventi regolari e procede fornendo al soggetto le categorie mentali per operare raggruppamenti costituiti in base alla pulsazione. Un sussidio didattico che rinforza l'interiorizzazione del carattere delle note è dato dalle traduzioni gestuali: attraverso la chironomia, ogni nota è visualizzata con un speciale segno della mano, ogni gesto dell'insegnante corrisponde ad una risposta da parte del bambino.

Il modello Benenzon è uno dei più apprezzati in tutto il mondo e si rifà al metodo dello studioso sudamericano. In questo modello è privilegiata la comunicazione non-verbale e quindi il codice musicale, quello gestuale, corporale, mimico, ecc. Alla base delle teorie legate a questo modello c'è il concetto dell'ISO, ossia l'insieme degli archetipi sonori propri dell'individuo e delle esperienze sonore familiari.

> **ISO** è formato dalla lettera I che significa: Identità e SO
> che vuol dire Sonoro, pertanto ogni qual volta io mi ri-
> ferirò al ISO starò parlando di Identità Sonora[13]

L'ISO universale è quello che caratterizza tutti gli uomini indipendentemente dal contesto socio-culturale, linguistico, familiare, storico o psicologico (alcuni esempi sono: il suono e il ritmo legato alla respirazione, il battito cardiaco o la voce dell'acqua). L'ISO culturale accomuna tutti gli individui appartenenti ad una società o le persone che parlano la stessa lingua. L'ISO gruppale, si riferisce a gruppi di persone con le stesse affinità musicali latenti, sviluppate in ognuno dei membri.

Il metodo Orff è un metodo d'iniziazione musicale elaborato dal compositore Karl Orff[14].

---

[13]www.centrobenenzon.it/benenzon/benenzon-modello.html

[14]Karl Orff (1895-1982) nel 1924 fondò la Gunther Schule, una scuola di ginnastica, musica, danza. La musica, come forma elementare, non è mai espressione autonoma bensì sempre collegata ad altri elementi (movimento, danza, parola) che hanno come

L'approccio di Orff, sviluppato per i bambini, si è basato sulla sua convinzione che il metodo più facile di insegnare la musica è trarre fuori dallo studente il ritmo e la melodia e permettere a queste di svilupparsi in modo naturale. Orff realizza questo mediante un programma pianificato con attenzione. Il musicista creò uno strumentario che, oggi prende il suo nome, pensato per il raggiungimento dei nuovi scopi: strumenti a percussione ritmici (tamburi, tamburelli baschi, campanacci, triangoli, piatti, legni), strumenti a percussione melodici (metallofoni e xilofoni), materiale popolare (detti, conte, filastrocche).

La "musicoterapia Orff"[15] elaborata dalla moglie Gertrud e fondata sul suddetto metodo, è una terapia multisensoriale basata sulla stimolazione dell'attività creatrice del bambino che gli fornisce i mezzi

---

radice comune il ritmo. KARL ORFF, *Die Orff-Musikthetapie*, Monaco, 1974.

[15]GERTRUD ORFF, *Musicoterapia Orff: un'attiva stimolazione allo sviluppo del bambino*, Assisi, Cittadella, 1993.

d'espressione adatti. L'improvvisazione melodica e ritmica rivestono, in questo metodo, un ruolo costante. Il bambino inventa spontaneamente delle canzoncine, compone, grazie agli strumenti, dei suoni di cui scopre con stupore la varietà timbrica che associa alle sue filastrocche e ai suoi primi canti. Il ritmo resta il principio fondamentale, la musicalità è un'elaborazione collettiva in cui ciascuno deve essere attivo. Si stabiliscono in questo modo non solo dei rapporti tra animatore e partecipante, ma anche tra il bambino e i suoi coetanei. Sul piano dell'efficacia, si possono costatare progressi molto rapidi nell'educazione ritmica, il bambino si libera attraverso il gesto e partecipa sensorialmente al ritmo che non è solamente compreso, ma vissuto. I principali giochi-ritmo sono l'imitazione e il canone ritmico. Per ciò che concerne l'imitazione, l'animatore esegue un ritmo che deve essere riprodotto. Si comincia con utilizzare esclusivamente il battito delle mani per eseguire ritmi in eco, poi si aggiunge il battito dei piedi, il battito a mani tese e lo schiocco delle dita.

Questo esercizio è fondato sull'alternanza di ritmi facili e difficili, sempre della stessa durata. Il canone ritmico, invece, è un esercizio di concentrazione.

Il modello della <u>Musicoterapia Umanistica</u> si è delineato attraverso la pratica clinica, l'approfondimento degli studi, l'analisi dei risultati a partire da competenze professionali diverse. I fondamenti teorici sono radicati nel pensiero fenomenologico-esistenziale[16]. I cardini di questo modello ruotano intorno ai seguenti aspetti teorici:

- *risonanza corporea*, cioè la vibrazione corporea messa in moto dagli strumenti, in particolare dal pianoforte a coda, tramite la sua cassa di risonanza;

- *improvvisazione clinica al pianoforte* per la capacità della cassa armonica del pianoforte di coinvolgere nella risonanza il corpo di un adulto

---

[16]La musicoterapia umanistica attinge a piene mani dal pensiero di Husserl, Edith Stein, Carlo Sini.

- *dialogo sonoro*: forma di dialogo non verbale costituito da ritmi, melodie, armonie guidate dalle posture, dal respiro, dagli sguardi della persona; il musicoterapeuta dialoga con il paziente, leggendo e trasformando in improvvisazione musicale la sua mimica, i suoi sguardi, i suoi gesti;

- *euritmia*[17] che si realizza nel momento in cui il terapeuta, tramite l'improvvisazione al pianoforte, segue il movimento del cliente paziente e quest'ultimo continua i suoi movimenti ascoltando ciò che viene suonato

- l'*uso di strumenti musicali idiofoni*;

- la *relazione circolare* si realizza nel setting in musicoterapia e vede come protagonisti il

---

[17]L'euritmia è una forma d'arte del movimento creata da Rudolf Steiner e la moglie Marie von Sivers. È stata definita dallo stesso Steiner "parola e canto visibili" in quanto utilizza il movimento per esprimere parole, suoni e musica. I movimenti compiuti dalla laringe durante la fonazione vengono resi visibili dal movimento del corpo e il contenuto del linguaggio si trasforma nel gesto euritmico che ha una profonda influenza sull'anima. Nella sua forma artistica è praticata da solisti o gruppi come parte di rappresentazioni teatrali il cui scopo è rendere visibili le leggi della parola o della musica.

musicoterapeuta, il coterapeuta, il bambino (paziente), i genitori. Il percorso terapeutico, attraverso l'interagire col bambino, coinvolge i genitori che condividono ciò che accade e intraprendono una strada nuova con il loro figlio poiché modificano il loro modo di pensare. Ciò che accade è partecipato dalle persone presenti: è una condivisione che apporta, attraverso uno scambio continuo, una crescita personale.

BIBLIOGRAFIA

AA.VV., *Il perimetro sonoro in Musica e terapia,* Torino, Edizioni Cosmopolis, 2001

ALAIN CARRÈ, *Quando la musica parla al silenzio,* Roma, Edizioni Scientifiche Magi, 1997

ALESSANDRO BERTIROTTI, *L'uomo, il suono e la musica,* Firenze, Firenze University Press, 2003

ALFRED TOMATIS, *Come nasce e si sviluppa l'ascolto umano,* Como, Red Edizioni, 2001

ALFRED TOMATIS, *L'Orecchio e il Linguaggio,* Pavia, Ibis, 1995

ALIX ZORRILLO PALLAVICINO,"*Nascere in musica*", Roma, Editrice Borla, 2002

ANNA MARIA FRESCHI, *Insegnare uno strumento: riflessioni e proposte metodologiche su linearità-complessità,* Torino, EDT srl, 2002

ANTONIO CIMINO, *Per vivere sani,* Padova, Piccin, 1985

CONCETTO CAMPO, *Introduzione al Metodo Tomatis,* Università degli Studi di Ferrara, 2002

CURT SACHS, *Storia degli strumenti musicali,* Milano, Mondadori, 2004 Trimestrale di cultura e pedagogia musicale, *Musica domani*, n°127, Bologna, EDT, Giugno 2003

FULVIO ROTA, *La pedagogia musicale secondo Giordano Bianchi, in "Educazione col suono e con la musica"*, Milano, Editrice Essegiemme, 1993

GABRIELLA BA, *Strumenti e tecniche di riabilitazione psichiatrica e psicosociale*, Milano, Franco Angeli, 2004

GERTRUDE ORFF, *Musicoterapia Orff: un'attiva stimolazione allo sviluppo del bambino*, Assisi,Cittadella, 1993

GIUSTINA ANSALDI, *La <<lingua degli angeli>>. Introduzione all'ascolto della musica*, Milano, Guerini e Associati, 1998

HELGA DE LA MOTTE-HABER, *Psicologia della musica, una introduzione*, Fiesole, Discanto, 1982

KENNETH BRUSCIA, *Improvisational models of music therapy*, Springfield, Ilinois (U.S.A.), Charles C. Thomas Publisher, 1976

LUIGI POSTACCHINI, ANDREA RICCIOTTI, MASSIMO BORGHESI, *Musicoterapia*, Roma, Carrocci, 2004

MAURO PORTA, GIULIA CREAMASCHI TROVESI, *L'uomo e il suono*, Milano, Ghedini Editore, 1991

NADIR HAGUIARA CERVELLINI, *Musicoterapia, realtà e futuro*, a cura di Giovanna Mutti, Torino, Omega Edizioni, 1985

PAOLO MANZELLI, *Cervello e Musica*, Firenze: PsicoLAB, 2003

PIERA MASSONI, SIMONETTA MARAGNA, *Manuale di logopedia per bambini sordi, con esemplificazioni di unità logopediche, esercitazioni, ed itinerari metodologici*, Milano, Franco Angeli, 2004

ROBERT MIQUEL, *L'universo delle forme sonore. L'azione e gli effetti sull'uomo*, Roma, Hermes Edizioni, 2003

ROBERT MIQUEL, *L'universo delle forme sonore. L'azione e gli effetti sull'uomo*, Roma, Hermes Edizioni, 2003

ROLANDO BENENZON, GABRIELA WAGNER, *La nuova musicoterapia*, Roma, Il Minotauro, 1997

A cura di S. BONINO, *Dizionario di psicologia dello sviluppo*, Einaudi, Torino, 2002

SIMHA AROM, *Prolegomeni to a biomusicology.* N.L. Wallin, B.Merker, S. Brown, *The Origins of Music*, Cambridge , Mass, MIT Press, 2000

SVEND SMITH, KIRSTEN THYME, *Il metodo dell'accento. I suoi presupposti teorici*, traduzione di Eliana Assenza, Torino, Omega Edizioni, 1996

VIOLETA HEMSY DE GAINZA, *L'improvvisazione musicale*, Milano, Edizioni Ricordi, 1991

www.ingramcontent.com/pod-product-compliance
Lightning Source LLC
Chambersburg PA
CBHW060657280326
41933CB00012B/2220